सफ़र

SAFAR EK EHSAAS

पुजा कुमारी

Made with ♥ on the Notion Press Platform
www.notionpress.com

सफर

एक एहसास

क्रम-सूची

प्रस्तावना vii

भूमिका ix

आमुख xi

1. अध्याय 1 1

शून्य से शुरुआत

जीवन की धार

संघर्ष

मुशाफ़िर

कमी

यादें

भूलना

कौन था?

छोटी जिंदगी

क्या कहूँ

बदलाव

तुमसे दूरी

मोहब्बत तुमने हमारी ना देखी

दूरी

आगाज

तेरा इंतजार

तेरा जाना

वो रातें

उम्मीद

तेरा साथ

क्रम-सूची

कर सकोगे

महंगी मोहब्बत

गलतियाँ

सवाल

आँसू

खामोसियाँ

मेरे अलावा

तुमसे उम्मीद

उलझन

बिछडन

खूबसूरत अंत

आभार 67

प्रस्तावना

ॐ श्री गणेशय नमः

।। जय माता दी ।।

माँ पापा ने हमे बहुत कुछ सिखाया है परन्तु इस दुनिया के लोगों ने और

भी बहुत से पाठ पढ़ाये है यहाँ कुछ पंक्तियों के माध्यम से जीवन की कुछ सीख और अनुभव है को साझा कर रही हूँ उम्मीद करती हूँ अप मुझे अपना प्यार देंगे।

भूमिका

यह पुस्तक कई भावनाओं को समेटे हुए कविता की पुस्तक हैं

जिसमे इंतजार ,प्यार जीवन आदि विषयों की को कविता के माध्यम से कुछ पंक्तियां लिखी गईं हैं ।

आमुख

काबिलियत अगर आप मे हो परन्तु किन्ही का सहयोग न हो तो न कार्य करने की जरूरत महसूस होती है और ना उस कार्य को करने का आनंद आता है एक उदाहारण द्वारा इस बात को समझने का प्रयास करते है जब चीटी खाना की खोज मे निकलती है तो उसे दीवार का सहारा रहता है ।

उसी तरीके से इस पुस्तक को आपके समक्ष पहुचाने में बहुत लोगों का सहयोग रहा है , बिना इनके आशीर्वाद के यह पुस्तक की रूपरेखा और आप सब को अपनी सोच से अवगत करा पाना असंभव सा था । इस सहयोग के लिए मैं सब की आभारी हूँ ;

मेरे माता पिता का मुझे बनाने मे बहुत योगदान रहा है साथ ही मेरे परम मित्र का साथ भी इस लेखन यात्रा मे बहुत सहयोग का पात्र रहे हैं, उसके साथ ही हमारे शिक्षक जिन्होंने हर कदम पे हमारा साथ बनाए रखा हैं इन सभी लोगों का योगदान आतुलनीय है अतः एक बार पुनः दिल से सभी को नमन करती हूँ।

धन्यवाद ।

पूजा कुमारी

अध्याय 1

विषय सूची

1. जीवन की धारा
2. संघर्ष
3. मुशाफ़िर
4. शून्य से शुरुआत
5. कमी
6. यादें
7. भूलना
8. कौन था ?
9. छोटी सी ज़िंदगी
10. मेहनत
11. क्या कहूँ ?
12. बदलाव
13. तुमसे दूरी
14. मोहब्बत
15. दूरी
16. आगाज
17. तेरा इंतजार
18. तेरा जाना
19. वो रातें
20. उम्मीद
21. तेरा साथ
22. कर सकोगे !

23. महंगी मोहब्बत
24. गलतियाँ
25. सवाल
26. आसुँ
27. खामोसियाँ
28. मेरे अलावा
29. तुमसे उम्मीद
30. उलझन
31. इंतजार
32. बिछड़न्
33. खूबसूरत अंत ।

शून्य से शुरुआत

कि मैं शून्य से शुरुआत कर रही हूँ,

किन किन अल्फ़ाज़ों के सहारे बयां करूँ

और किन बातों का सहारा ले रही हूँ।

सब कुछ अनजान सा है,

कुछ भी ना पहचान का हैं,

घबरहटों से लड़कर सब से मिल रही हूँ।

शून्य से शुरुआत कर रही हूँ।

बेकार की चीजों मे समय को गवाया जिसे,

समझ रहे थे अपना उसने भी हाथ उठाया,

मैं हर बातों को भूल कर खुद आगे बढ़ रही हूँ।

मैं शून्य से शुरू कर रही हूँ ।

शून्यता ने मुझे सिखया हैं,

शून्यता ने मुझे बनाया हैं,

शून्य से आगे अब रास्ता तय कर रही हूँ।

मैं शून्य से एक शुरुआत कर रही हूँ ।

जीवन की धार

जीवन की धार

जीवन की धार मे कई रंगों का सामवेश मिला है

कोई साधु का जीवन जीता है तो कई ने ढोंगियों का धरा भेष है

जीवन की अनंत धारा मे विचारों मे मतभेद मिला है

लोग अभी तक शायद समझ न पाए की यह अमृत रस का शेष मिला है

ईश्वर की कृपा से हमने यह जीवन पाया है,

वही विधाता ईश्वर है जिसने हम जीव को बनाया है ।

खूबसूरती उनकी हाथों की जो रूप हमारा सजाया है ,

वही विधाता ने हम प्रणियों को बनाया है ।

प्रकृति की छाया है वो मनुष्य मे बसी मोह रूपी माया है,

वही विधाता ने हमे अपने हाथों से बनाया है ।

इंसान कब उनकी कृपा को पहचानेगा,

कब उनकी बनाई इस दुनिया को जानेगा ।

दोनों हाथों से ईश्वर का शुक्रिया अदा करो,

इस बहुमूल्य जीवन को जी भर कर खुशियों के साथ जियो ।

संघर्ष

संघर्ष तुम्हारी क्या होगी इसकी केवल तुमको,

ही पहचान है दुनिया वाले तो दर्शक है,

उन्हे तुम्हारी मेहनत से काम है।

ये संघर्ष नहीं नया जीवन मे तुम्हारे पर अब क्षण।

अंतिम कुछ दिखा रहा है सफलता के आड़े

क्या जिद बनाई थी तूने खुद को आजमाने की,

अपनों से ही लड़ कर उनके लिए कमाने की।

तुम्हारी संघर्षों का हिसाब ये दुनिया नहीं लगाएगी।

ये समय का चक्र हैं तुम्हें सब कुछ सिखाएगी।

हा बस एक बार ज़िंदगी मे संघर्ष की जिद पालने का

देखना कितना मज़ा आता हैं।

अपनी जीत का जश्न मनाना का।

मुशाफ़िर

अरे ओ मुशाफ़िर सुनते हो मैंने तेरी राह तकी थी।

तू दुआ मे मेरी शामिल रहे हमेशा ये दुआ की थी।

तू यादों मे बसा रहे ये मन्नतें मांगी थी,

अरे ओ मुशाफ़िर तू सुन रहा हैं ना,

तू मुझमे शामिल हो जाए कुछ इस तरह दुआ की थी,

लंबी राह न सही थोड़ी तो साथ चली ही हूँ,

तेरी मंजिल न सही पर रास्ते की राही तो मैं भी हूँ।

एहसास हमदोनों का शायद बहुत अलग होगा,

पर सोच मे तो तुम्हारे आज भी मैं ही हूँ।

अरे ओ मुशाफ़िर बोलो ना

सुन रहे हो ना ,

वफ़ा की सिफ़ा शायद दिल से ना निकल,

पाएगी याद तेरी आती है और .

यूं ही अंतिम सांस तक याद आएगी।

खैर वो सब छोड़ो तू मंजिल की खोज मे साथी

छोड़ बैठा सच बता ना क्या ये लंबी राहों में तुझे

फिर एक सच्ची साथी मिल पाएगी ।

कमी

तुम्हारी कमी नहीं तुम्हारें एहसास की कमी खलती है ,

हर एक चीज मे तुम्हारी परछाई दिखाई देती है ।

जानती हूँ मेरी कमियों से दूर हुए हो तुम पर हर कमी पूरा,

हो जाने की वो आस दिखायी देती है ।

आज सिगरेट का धुआ पहली बार तेरे बिना उड़ायी हैं ,

उस वक्त उन धुआँ के छल्ले मे आई तेरी यादों की परछाई है ।

मैं भूल चुकी तुम भूले हो,

चाहे तुम जितना दूर हो,

मैं गलती की आदि थी तुम आदतों से मजबूर हो ,

वो सिगरेट दिया तुम्हारा था और वादा लिया तुम्हारा था ।

आज सिगरेट को मैं पी गई हर यादों को संग जी गई ।

अब भूल गई कौन अपने है सबसे बड़े मेरे सपने है ,

तुमने जिसके लिए छोड़ा है यूं दुसरें को सही ,

बनाकर मेरा साथ तोड़ा हैं ,

खैर क्यों गलती केवल तुम्हारी हो,

मैंने भी तो दिल तोड़ा है अपने रिश्तों के

खातिर मैंने साथ तुम्हारा छोड़ा है ।

मैं भूल चुकी क्या हमारा था मैं भूल चुकी क्या अपना था ,

एक राह थी जहां कुछ दूर का साथ खूबसूरत सा एक सपना था ।

यादें

ये यादें बड़ी खराब है ,

इसका न कोई हिसाब हैं,

हैं सर्द रातों की जाड़े सी,

वो वसंत ऋतु की बरसात है ,

हैं सिलवट वो बिस्तर का ,

वो तकिया का सिरहाना हैं ,

वो आखों का पानी सा,

वो बहती जल धार हैं ,

खूबसूरत की हर परिभाषा समेटे,

वो हैं सुकून एक खास सा ,

ये हमारी आदतों का अंत सा,

ये सच्चे प्यार की शुरुआत हैं,

हैं तकलीफ देह जरूर लेकिन ,

यही सच्चा एहसास हैं।

यादों मे ही सही लोगों के ना होने का महत्व समझ में आता हैं

इज्जत और प्यार का एहसास यही करता हैं।

भूलना

तू भूल जा वो तुम्हारा था ,

तुम एक समुंदर की धार वो दूसरा किनारा था ।

वो कभी नहीं तुम्हारा था ,

अरे उसका तुम्हें छोड़ जाना ।

ईश्वर का एक इशारा हैं ।

की तुम्हारी इज्जत और तुम्हारी सोहरत ही ,

केवल तुम्हारा हैं ।

अरे वो बाप बना जब तुम बेटी थी ।

तुमने भी तो उनकी आदत बदलते देखी थी ।

खैर जो हुआ वो अतीत था,

ये तुम्हारा आज हैं ।

सपने चाहे जीतने बुने वो केवल एक ,

बकवास हैं ।

तुम भी भूलो कोई अपना था ।

जैसा एक प्यारा सपना था ।

तुम भूलो की वो तुम्हारा था ।

केवल कुछ वक्त हमारा था ।

तुम शाहिल पर मिलने मत जाना ।

तुम ही अपना आशियाना बनाना ।

जिसमे तुम्हारे अपने हो ,

जिन्होंने तुम्हें जना हैं ।

तुम चाहे जितनी गलती मे रहो,

उन्होनें हर वक्त तुम्हें चुना हैं ।

क्या फ़र्क वो छोड़ गए ,

बेहतर हुआ दिल तोड़ गए।

अब न गलतियों की मानही होगी ।

न वफ़ा की कारवाई होगी ,

अब ना हम तुम्हारे साथ होंगे ,

और रिश्तों की न कोई सौदाई होगी ।

हम माना चुके की हम लायक नहीं रहे तुम्हारे ।

पर तुम्हें भी एहसास होगा की कैसे होते हैं पराए ,

चलो छोड़ो मोहब्बत तकलिमं नहीं हुई तो क्या ।

तुम्हाराई वफ़ा को मैंने पूरे दिल से स्वीकार किया हैं ।

अभी तक कोई ना मिला जिसे इतनी सिद्दत से प्यार किया हैं ।

कौन था?

कौन था वो मेरा जो इतना याद आता हैं ,

जब भी तन्हा मैं होती याद बहुत सताता हैं,

व्रत आज भी मैंने उसके नाम का रखा हैं ,

पर नाशुक्री देखो उनकी की मुझे याद तक न किया हैं,

पिछली बार वो व्रत उनके मुखड़े को देख खोला था ,

आज फोटो मे तो उनकी शिकायते ही याद आती हैं ।

वो भूल गए मुझे उसका गम नहीं हैं

पर मैं उन्हे नहीं भूल सकी इस बात का मलाल हैं ।

खुद से आज पूछ रही हूँ सवाल क्या वो रिश्ता कभी हमारा था।

या यू नदियों का धूमिल किनारा था ।

कौन था वो मेरा या बस सपना बहुत प्यारा था ।

लंबी उम्र की दुआ आज उनके ली की हैं ।

और अपने लिए उन्हे भूल जाने की ।

छोटी जिंदगी

ज़िंदगी कितनी छोटी हैं या लंबी ये हम सोचते हैं,

आज एक अंजाम लिखने बैठी हूँ ।

तेरी कहानी अपने नाम लिखने बैठी हूँ।

पता है तू कितना मूल्यवान हैं मेरे लिए

इसलिए ईश्वर के पास जाकर ज़िंदगी तेरे नाम

लिखने बैठी हुं।

मुझे मेरे अपनों ने बहुत प्यार दिया हैं।

पर तेरे दिखाए सपने का अंजाम लिखने बैठी हूँ।

मैं न जिंदगी भर एक-सा प्यार निभाने का

वादा नहीं कर सकती।

पर प्यार की निशानी तुझे सौंप जाने का इरादा कर बैठी हूँ.

मैं अपनी छोटी सी मोहब्बत को कोई नाम न दूँगी।

पर सारी ज़िंदगी तेरे प्यार के छाँव मे कटे ये दुआ

जरूर करूंगी

देखते हैं ये इश्क का रास्ता कहाँ तक जाता हैं

मैं उन राहों की मजिल तक जाने तेरे इंतजार मे बैठी हूँ

धन्यवाद हैं तुम्हारा तुम ज़िंदगी मे आए

जितनी देर आए खुशबू को फलाये,

उन फूलों की खुशबू की बहार मे बैठी हूँ उस मंजिल तक साथ जाने के इंतजार मे बैठी हूँ।

क्या कहूँ

इस क्षण तुमसे क्या कहूँ ?

और जाने क्या लिखूँ

तेरी आँखो की गहराईयों में

प्यार मैंने देखा हैं

पर क्या हमारे मिलने की हाथ की वो

रेखा हैं।

आज तुमसे बिछड़ने के ख्याल से

डर लगता हैं।

बोलो उस क्षण क्या कहूँगी

और जाने क्या लिखूँगी

एक बात का भरोसा हैं।

तुम्हें अब पाया मैंने,

जिस्मों के सवाल से ऊपर,

अपने हर ख्याल से ऊपर,

तुमको मैंने पाया हैं

दिल मे रक्त से बने दीवाल के ऊपर,

मैं तुमसे क्या कहूँ?

और जाने क्या लिखूँ

ज़िंदगी का सहारा हो

तुम मेरे भरोसे के समुंदर का किनार हो

जब भी कोई तूफान आएगा,

वो मुझसे पहले,

तुमसे टकराएगा,

यही भरोसा और

दिल मे सुकून हैं।

बोलो तुमसे क्या कहूँ

और जाने क्या लिखूँ ?

बदलाव

इतनी जल्दी बदल जाते हैं रिश्तों के सार,

क्या इतना कमजोर हैं होता हैं

पाषण सा दिखने वाला प्यार

क्या टूट जाती इतनी जल्दी वो जन्मों

के साथ निभाने का करार

क्या सच मे इतना कमजोर होता हैं।

पाषण सा दिखने वाला प्यार।

क्या इस तरह ही नष्ट होती हैं,

हर रिश्ते की दीवार।

क्या सच मे इतना कमजोर होता हैं

ये पाषण स दिखने वाला प्यार।

क्या हर आशिक खाते हैं इसमे धोखा बार बार

क्या इतना निकृष्ट होता हैं,

ये मासूम सा दिखने वाला प्यार।

क्या सच्चाई इसमे हार जाती लाखों और हजार,

क्या इतना बड़ा धोखा हैं।

ये मासूम स दिखने वाला प्यार ।

तुमसे दूरी

तुमसे दूरी मैं कैसे निभा पाऊँगी,

तुमसे भला मैं दूर कैसे जाऊँगी।

आसान लगते हैं रास्ते तुमसे दूरी की।

पर हैं मुश्किल और मजबूरी सी।

तेरी आहट कुछ खास एहसास करती हैं।

तुझे हर वक्त सिर्फ मेरा बताती हैं,

पर तुम कब तक मेरे हो ये एहसास बहुत खौफनाक हैं।

तुमसे दूर होने का ये डर खतरनाक हैं।

किसी और के जिस्म मैं तेरी छवि कब तक तलाशूँगी।

डर हैं की उस तलाश मैं खुद को भूल जाऊँगी।

मैं अपना सब कुछ दे कर भी तुम्हारे शिवा किसी की ना हो पाऊँगी।

मैं सिर्फ तुम्हारी यादों मे यूं सिमटकर रह जाऊँगी।

क्या करूँ यादों का समंदर छिपा लूँ या खुद को कर लूँ,

भूलने की तैयारी अपनी एहसास तो जैसे खोने सा लगा हैं।

होने लागि हैं मेरे दुल्हन के रूप मे जनाजे की तैयारी।

सब खो ही जाएगा।

सब रह सा जाएगा।

मेरे जाने के साथ यादों।

का बारात साथ जाएगा ।

मोहब्बत तुमने हमारी ना देखी

मेरी इश्क की बीमारी ना देखी,

कहां कहां छुपा कर रखा था तेरी रूहानी इश्क को

मेरी प्यार की तुमने रुशवाई ना देखी।

मोहब्बत..........

कहा तेरी एक नजर दीदार मे हम खड़े थे,

तुम्हारी नजर मे बेवफाई सी देखी,

मैंने मोहब्बत तुम्हारी भी देखी।

जब रिश्तों के आड़े आया हमारा रिश्ता

अरे हुए हम खत्म वो दुहाई का देखी

मोहब्बत।

दूरी

अब जब दूर जाना हुआ तो बड़े प्यारे लगने लगे हो।

यूं तो और कई बार अच्छे लगे हो तुम।

पर इस समय जो नूर तेरे चेहरे पर हैं ना

वो बेमिसाल हैं,

शायद ऐसा इसलिए की तू दूर जाने वाला हैं,

तेरी मोहब्बत मे कई चीजों को सिख लिया हैं।

अब तकिया तेरी बाहों का नहीं होता,

अब मेरी सासों को गरमाहट तेरी सासें नहीं देती।

अब ठंड लगने पे तेरी बदन की गर्मी की आश भी नहीं रखती हुँ,

पर अब मेरे पास तेरी यादों का पिटारा है।

जिसे खोलने पर ढेर सारी खूबसूरत यादों का समुंदर हैं।

जिसके ज्वर और भाट्टे ढेर सारे भावनाओ को भर जाते हैं।

पर अगले ही क्षण उन सारी यादों को पुनः अपने साथ बहा ले जाते हैं।

इन खूबसूरत यादों का धन्यवाद ....

आगाज

ये मोहब्बत का आगाज तो तुमने किया था ना?

पर अब ये अच्छी नहीं लगती शायद?

क्योंकि प्यार के वो तराने अब सुनाई नहीं देते मेरे कानों में,

गफ़लत की मैंने तुम्हें टूट के चाहने की,पता ना था की,

इसकी सज़ा भी तुही मुकदार करेगा।

और चलो अगर सज़ा तय की भी थी मेरी,

थोड़ा पुराने प्यार का लिहाज रखकर रहम खा जाते,

अरे वो प्यार के नाम पे सबक सीखने वाले,

मैंने तेरी हकीकत आइनों से नहीं दिल से पहचान हैं।

तू छोड़ जा मुझे और कितना रुलाएगा,

ये समय का पहिया हैं,

आज तेरे अच्छे दिन कल मेरा भी दिन आएगा।

तू जिस जिस का नाम मेरे नाम आगे लगाएगा,

रुक जा वो आशिक तू हर इंसा से धोखा खाएगा।

जा ढूंढ ले नई आशिक़ी,

पर क्या तू उस से वो सब करवा पाएगा?

अरे जान न्योछार करती थी मैं...

क्या तू अपनी नई मोहब्बत से ये उम्मीद भी रख पाएगा?

तेरा इंतजार

तेरा इंतजार नहीं करना चाहती हूँ,

फिर भी ना जाने क्यों ये आँखें तुझे देखना चाहती हैं।

तुझे हर कदम पे अपने साथ ना पा कर,

फिर भी कल हाथ पकड़ने की उम्मीद रखती हूँ।

नहीं चाहती हूँ तू मेरी गलतियों को मान ले।

पर सच्चाई से जब तू पीछे हटता हैं तो,

बस छोड़ जाना चाहती हूँ।

लगता हैं मोहब्बत गलती थी मेरी?

पर फिर गलती को दोहराना चाहती हूँ।

तू जितना पीछे भागना चाहता हैं,

मैं उतना तेरे पीछे आना चाहती हूँ।

हाँ पर सच्चाई तब भी चाहिए।

झूठ के सहारे ज़िंदगी को काटना बहुत मुश्किल हैं,

जो तुम नहीं चाहते ओर मैं भी नहीं चाहती हूँ।

पता हैं तेरी आँखों मे आसुँ देख सब कुछ कर जाने का मन करता हैं,

पर वो आसुँ भी तो मेरे नहीं हैं।

इसलिए शायद अब ज़्याद आसुँ भी नहीं बहना चाहती हूँ ।

तेरा जाना

तेरे जाते जाते जाना बड़ा कष्टदायी हैं।

जहां मैंने अपने दो चेहरे को बनाकर रखा हैं,

तेरी ग़फ़लत का नतीजा मुझसे तेरी दूरिया होंगी,

ये तेरा जाते जाते जाना बहुत दर्द देता हैं।

लोगों के सामने मुस्कुराया भी करती हूँ,

तेरे दिए जख्मों को छुपने के लिए,

पर उन बीते समय के यादों को याद करके सुकून सा मिल जाता हैं।

क्यों जरूरत पड़ी इन दूरियों को समझने की,

जब ये होना तय कर रखा था तुमने,

जाने क्यों फिर भी वो फोन को निहारना अभी भी जारी हैं,

बहुत सी रातें चाहे तेरे बिना कट जाए,

पर उस रात को तेरी आह बहुत आएगी।

इन आहों को हर दिन की उजालों मे छुपाना।

और रात की अधेरों मे आहों को समेटना आसान नहीं हैं।

तेरे यादों की सिसकिया लेना और फिर आसुँ को पोंछ कर

सब भूल जाना आसान नहीं हैं।

तेरे जाते जाते जाना बहुत कष्टदायी हैं ।

वो रातें

वो रात कैसी होगी जिसमे फूलों से भारी सेज होगी,

पर तेरे बाहों का वो मेरा तकिया ना होगा।

चादरों की सिलवटों को गिनने का पूरा समय रहेगा,

क्योंकि वहाँ तेरा चेहरा मेरी आँखों से निहारने के लिए मौजूद नहीं होगा।

वहाँ तो कोई और मेरी घूघटं की ओट मे अपनी मर्जी चलना चाहेगा।

उस चार दीवारी कमरे मे मेरा कौन होगा,

वहाँ तो सारे चेहरे अनजान होंगे।

फिर मेरी नाराजगी को कौन समझ पाएगा।

वो रात कैसी होगी?

वो ताजे लगे फूलों मे मुझे घुटन सी महसूस होगी,

मेरी घुटन समझ पाने वाला भला कौन होगा।

मैंने तो जब भी मेहंदी लगाई थी उस मे नाम तुम्हारा लिखा था ,

अब किसी और का नाम लिखूँ और आज कोई और खोजेगा।

मुझे ये भी नहीं पता हैं की ये शिकायत तुम कभी सुन भी पयोगे।

अगर सुन भी लिए तो क्या मेरी वो रात मे मौजूद रह पयोगे।

क्या मुझे तुम्हारी बाहों का सिरहाना मिल पाएगा?

क्या वो तुम्हारी उँगलिया मेरी जुल्फों से तब भी खेलेंगी?

क्या उस रात तुम सब कुछ भूलकर मेरी हरकतों फिर पर हसोगे?

क्या उस दिन भी मेरे कपड़े पहनने पर थोड़ी देर और रुक जायों ना कहकर? अपने

पास बिठकर मेरे माथे को चूमोगें

या इन सब बातों के बदले

मुझसे दूर चले जयोगे

और मुझे उस रात के लिए अकेला छोड़ जयोगे

वो रात जाने कैसी होगी

तेरे साथ या तेरे बिना होगी।

उम्मीद

आज सारी उम्मीद फिर से खत्म हो गई,

एक उम्मीद जो हमने बनायी थी तुम्हारी आश में,

वो फिर कहीं गुम हो गई उम्मीद खत्म हो गई,

मेरी हर एक बात मे निष्ठुरता उसे है लग रही।

बात पूरी ना हुई और वो अधूरी रह गईं ..

दिन का उजाला हो या रात की तन्हाईया

सब बातें मुझको ना जाने क्यों फ़रेबी लग रही?

उन फ़रेबी बातों मे एक बात अच्छी लग गई,

उसका जाना वफादारी की वजह बन गई,

उससे दूर जाना किसने भला चाहा था ,

पर जब अलग हुई तो मजबूरी सी- बन गई।

तेरा साथ

तूने साथ देने का वादा किया था,

जीवन के अंतिम सांस तक,

इतना कम दिनों मे मुहँ मोड़ना

क्या उचित हैं ?

माना तुम्हें हरकते नहीं पसंद आती मेरी

पर बच्चा बोलकर यूं मुहँ फेर लेना

क्या उचित है ?

मेरे नाम के साथ न जाने कितनों के नाम जोड़ते आए हो,

पर क्या तेरा ऐसे हाथ छोड़न उचित हैं?

खैर शिकायत नहीं अब ....

तेरा मेरे से इतनी जल्दी मनभर जाना

उचित हैं ?

कर सकोगे

अपने नाम को मेरे नाम के साथ जोड़ने का वादा किया था तुमने,

क्या उन वादों को निभा सकोगे?

मेरी बाहों मे सो कर जो सुकून मिलता था।

वो सुकून दूसरों की बाहों मे भी पा सकोगे ?

हाथ के कंगन पर नाम तुम अपना लिखवाने को कहा करते थे

क्या अब भी नाम लिखवा सकोगे

एक पल की दूरी वर्षों जैसी लगती थी फिर भी वो चंद मुलाकातों से

जो हर शिकवे-गिले खत्म हो जाते थे

क्या वो जन्मों की दूरी मिटा सकोगे

पिता का दर्जा देकर हर बातें बताया करती थी तुम्हें और तुम बस ये कह कर

मुझे मुझे चुप कर जाते थे की मैं हूँ ना

मेरी हर चिंता मेरे हर दर्द का मरहम से बन गए थे तुम

क्या तुमने जो जख्म मुझे दिए उन जख्मों की मरहम बन सकोगे

हाँ पर ये तो सिर्फ मेरी दिल की बातें हैं

तुमने भी मेरी हजार बेवफाई की किस्से याद रखे होंगे

कभी समय मिले ओर दिले करे तो सुनाना मेरी नदानीय और

मेरी बेवाफ़ियों के किस्से मुझे भी बताना।

क्या तुम मुझे हमारी गलतियाँ समझा सकोगे?

फिर आवाज दूँगी इस दुनिया से जाने के बाद

क्या मेरी आवाज पे वापस मेरे साथ या सकोगे ?

महंगी मोहब्बत

तुम्हारी मोहब्बत बहुत महंगी थी ,

जब शुरुआत हुई थी हमारी आशकी तब शर्तों को कहाँ जाना था ,

मोहब्बत बहुत गहरी थी पर तुमको ना पहचाना था ,

तुम्हारी इश्क की शर्ते कुछ इस तरह थी की

मेरी हर वक़्त का हिसाब तुमने माँगा था

तुम्ही से मोहब्बत ताउम्र रहे वादा ये लिया था

मैंने तो बस हर सुख दुख साथ तेरा चाहा था

तू कहाँ मेरे को और मेरे दिल को पहचान पाया था

तेरी इज्जत तुझसे मुझसे ज्यादा प्यारी थी

मैंने तुझपे सबकुछ हारी पर तुझे अपनी ज़िंदगी ज्यादा प्यारी थी

महंगे थे वो वादे जो हमको तेरे साथ निभाना था

प्यार प्यार कहते रहे पर तुझे मुझे छोड़ कर जाना था

इतनी महंगी मोहब्बत मैं कहाँ निभा पाती

खुद को बेचकर तेरा भरोसा कहां खरीद पाती

जो होना था वो हो गया

मेरा महंगा मोहब्बत मुझसे कहीं खों गया ।

गलतियाँ

गलतियाँ किसकी थी और कितनी थी कोई माप नहीं?

इश्क बहुत सच्चा था इसमे भले हो बेवफाई की छाप सही।

कहां छुपाकर रखा था तुमने अपनी सच्चाई को ?

मोहब्बत का दिलासा दिलाते रहे दिल की अच्छाई से,

पर क्यों ऐसे हाथ छोड़ा जब सबसे ज्यादा जरूरत थी तेरी।

क्यों मुहँ मोड़ा जब आदत मुझको हो गई थी तेरी?

मानती हूँ की अकेली गलतियाँ सिर्फ तेरी ना होगी,

पर डाटकर आँखों मे अपने प्यार का आसुँ ले आते,

तो हर पल बस तेरी थी मैं।

क्यों मेरी आँखों मे आने वाले आसुँ की वजह कुछ और है

तुझे तो हर मंदिर मस्जिद मांग था पर सुना हैं

मेरी नसीबों मे कोई और हैं।

खैर अब गलतियाँ गिनवाने का फायदा क्या ?

तुझे अपनी मोहब्बत का एहसास दिलाने का फायदा क्या?

सवाल

सवाल हैं तुझसे क्यों छोड़?

आधे रास्ते अपनी राहों को क्यों मोड़?

ना खव्शियों का पर्वत बनाया था,

ना इतना हक जताया था,

फिर क्यों तुमने ना समझा,

मुझे अकेला छोड़ दिया।

ज़िंदगी भर साथ निभाने का वादा किया था,

अपनी राहों को मोड लिया।

वादा किया था तुमने की तुम मेरे शिवाय

किसी को देखोगे नहीं,

वो वादा क्यों तोड़ दिया?

अपनी राहों को तुमने किसी और की तरफ मोड लिया।

एक और सवाल हैं?

जिस तरह तुमने मुझे छोड़ा हैं,

किसी और को मेरे इतना अपना पयोगे?

अगर उसने तुम्हें छोड़ा,

तो क्या तुम ये दर्द सहन कर पयोगे ?

आँसू

अपने आँखों मे आसुँ छुपाकर रोते हैं ,

हम बेवफ़ा हैं भईया अपनी आवाज को दबाकर रोते हैं ,

बस इतनी खता है मेरी की मैंने अनजानों को भी अपना माना हैं,

इसीलिए तो होंठों पे हंसी और गम को भीतर छुपाकर रोते हैं ।

मेरी तकलीफों से बढ़कर तेरा स्वाभिमान है

तुझे तेरे प्यार पे बहुत अभिमान हैं,

इसलिए खुद को भुलाकर रोते हैं ।

अब यूं ही हर रातें तकिया भिगाकर रोते हैं

अब खों दिया है मैंने अपना सम्मान ,

जीते जी नहीं बन सके हम लाश की तरह ज़मीन को अपना बनाकर रोते हैं ।

रातों मे अक्सर यादें बहुत आती हैं

इसलिए नींदो को बहाना बनाकर रोते हैं,

क्या खता की मैंने, की रफीकों के कारण मुझे ही रिपु बनाया

अब यूं ही तन्हाइयाँ मे रहकर मुस्कुरा कर रोते हैं,

अपनों ने अपने हो ना सके

हम अनजानों को अपना बनाकर रोते हैं ।

खामोसियाँ

जो अवाज तेरे दिल को सुकुन पहुचाती थी खमोश हो चुकी हैं।

जो अवाज तेरे दिल के सुनेपन को मिटाती खमोश हो चुकी हैं।

जो अवाज तुझे हर रोज़ जगाती थी खमोश हो चुकी हैं।

जो अवाज तुझे हर रोज़ सुलाती खमोश हो चुकी हैं।

जो अवाज तुझे कभी कभी परेशान भी कर जाती थी खमोश हो चुकी हैं।

पर क्या खबर हि है उनको खुद को खो देने का,

क्या जरूरत ही है अब मेरा हाल - पता लेने का,

उनकी अपनी शिकायतें हैं मेरी बफ़ाई को लेकर ,

उनकी अलग सी नफ़रते है मेरी रुस्वाई को लेकर,

कि अब क्या - क्या बताये दिल सब्र खो चुकी है।

पुरे दिल बोलने वाले वो होठ अब खमोश हो चुकी हैं।

उन्होंने मुझे बेवफ़ा बतलाया , क्योंकि उनके यारो ने उन्हें मेरी बेवफ़ाई का किस्सा सुनाया है ।

उनके लिए मेरी यादें अब बेवफ़ा बन चुकी,

कि हमेशा मुस्कुराहट लिये लिये ये लव अब मायुस हो चुकी हैं।

जो अवाज कभी उनकी जान हुआ करती थी अब खमोश हो चुकी हैं।

मेरे अलावा

कितनी कश्मकश से भरी है ये जिंदगी कि जिससे आपने बेइम्तिहा मोह्हबत कि और उस पर आपके अलावा भी किसी का हक़ हो जाता है इसी पे कुछ कहते हैं कि,

मेरे अलावा अब किसी और का भी हक़ होगा तुमपे!

सिन्दुर किसी और के मांग सजेगी तेरे नाम कि मेरे अलावा !

व्रत अब कोई और रखेगी तेरी लम्बी उम्र के लिए मेरे अलावा!

अब तेरे फोन का इंतजार किसी और को भी होगा मेरे अलावा!

तेरे होठो को और छुयेगा हक़ अपना समझ कर कि तेरे अंग किसी और का हक़ होगा मेरे अलावा!

अब तक तुझे सिर्फ़ मेरी निशानिया याद थी पर निशानिया

किसी और की भी होगी मेरे अलावा!

हर सपना तेरा जुडा था मुझसे पुरे जीवन का अब अधिकार किसी और का है मेरे अलावा!

जिन रिश्तो से जुड गयी थी मैं खुद से ज्यादा अब उन रिश्तो से जुडा हैं कोई मेरे अलावा!

सोहरतो से घिरी रही थी मैं अब और भी कोई साथ तेरे सोहरतो के बीच मेरे अलावा।

तुमसे उम्मीद

बहुत प्यार किया तुने अतीत के कुछ सालो में पर आज मेरा साथ छोड़ने की उम्मीद नहीं की थी,

यु हि **द्रख्तों पे** चढ़ते रहे तेरे सहारे ,हाथ यु छोड़ने की उम्मीद नहीं कि थी ।

बहुत मिन्नतो के बाद मिले थे मेरी बाहो ,थोड़ी आहो मे, मेरे आँचल के पनाहो मे, युं बाहों में आह भरने कि उम्मीद नहीं कि थी,

हर खफ़ा के लिए माजरत और खुदा से दुआ तेरे लिए मांगती हूँ पर यु खफ़ा होंगे आप ये आपसे उम्मीद नहीं थी ।

क्यों इल्म नहीं रहा मेरे इश्क़ का तुझे, युं इतना खफ़ा होने कि उम्मीद नहीं कि थी ,

हर बार कई प्रश्नों के साथ छोड़ देते हो मुझे अकेले युं तुमसे तनाह छोड़ने की उम्मीद नहीं थी ।

अगर जज्बातो से भर गया मन तेरा, तो यार मैने तुझसे इस कदर भुल जाने कि उम्मीद नहीं कि थी,

प्यार तेरे लिए मेरे सीने में मुझसे जाय्दा भरा था ,क्योंकि यार मैने तुझसे वफ़ा निभाने की उम्मीद नहीं कि थी ।

क्योंकि यार मैने तुझसे ये उम्मीद हि नहीं कि थी ।

उलझन

आज ज़िंदगी में कुछ ऐसी उलझन छाई है,

दिल में कश्मकश चेहरे पे उदासी आई है।

बदल रहा हर रोज हमारा रिश्ता यु खंडो मे टूट कर,

कि फ़िर से मुश्किले दरवाजे को खट्काई है।

आज........

आँखो से नीदे हर रोज हार जाती,

उनके साथ बिताये उन रातो कि बहुत याद आती हैं।

आज आँखो से फ़िर ये कम्बख्त आँसू छलक आई है।

आज ज़िंदगी.......

वो अब मेरे हि अन्दाज मे मुझे सताया करते है,

मेरे दिल को मानाये बिना,अपनी बात सुनाया करते है कि भूल गये हैं वो हर रात हमारी, अब तकियो के सहारे हम अपनी राते बिताया करते है।

अब इतने शब्द लिखे है आपके बारे मे कि शब्दों कि लरी ख़त्म होने को आई है।

आज ज़िंदगी......

बिछड़न

गुरुर तुझे बहुत हैं तेरी अच्छाई का, घमण्ड तुझे है मेरी रुशवाई का?

ज़िंदगी के आधे रास्ते में मेरा हाथ छोड़ कर चले गए,

दूसरों कि तलाश थी इसलिए साथ छोड़ कर चले गए,

क्या इतनी कमी थी मुझमे की तुम सुधार नहीं सकते थे?

बस छोटी सी बात पर यु जान छुडाकर चले गए

खामोशिया ही अब मेरी पहचान बन गयी हैं,

तन्हाईया अब मेरी जान बन गयी हैं,

इन पुरानी यादो में बदलाव देकर चले गए।

रात रात भर बात कर पुरा समय साथ गुजराते रहे,

अब छोटी उन रातो को लम्बी रात बनाकर चले गए।

अब रातो को सपने ने दगेबाजिया शुरू की हम रात भर रोते रहे वो बातें बनाकर चले गए।

कितने खुबसुरत थे वो दिन जिसमे तुम हर वक़्त शामिल थे यु हवा के झोंके कि तरह सबकुछ उडाकर चले गए!

तुमसे जुड़े हर रिश्ते को मैने प्यार से सँभाला था बहुत दिल चहा था और सिदद्तो से उसको पाला था,

मेरे साथ जुड़े हर रिश्ते को तुम यु ठुकरा कर चले गए।

तुमने हर रिश्ते तोड दिए और प्यार भुलाकर चले गए।

जब भी में भटकी मैने तेरा सहारा चहा था जब राह मे लडखाई तो हाथ तेरा चहा ना हाथ मिला ना साथ मिला।

जो उम्मीद कभी ना की थी वो हाथ छुडाकर चले गए।

इतनी मोहहबत थी उनसे वो मुस्कुरा कर चले गए।

बिछ्डन कि कहानी हम दोनों को रुलायेगी कितना भी तुम दुर जाओ तुम्हें चैन कहीं ना आयेगी।

इन सब बातों सुनते सुनते अनसुना कर चले गए,

मोहहबत लाखों थी मगर वो मुश्किले बढ़ा कर चले गए।

खूबसूरत अंत

मोहब्बत के दिन याद ना रहे!

बिछड़ने के दिन को पन्नों में समेटना चाहती हूँ।

अब चुप ही रहकर तेरे हर सवाल का जबाब बनना चाहती हूँ ,

बहुत गहरी मोहब्बत थी मेरी,

पर अंत बड़ा गुमनाम सा था।

तेरी मेरी मोहब्बत का यही शायद अंजाम था

बेवफा बनकर तेरे जीवन में अब बस सी जाऊँगी मैं,

कोशिश कर ले निकालने की अब कहां निकाल पाऊँगी मैं।

पर अब जो भी हो तैयार हूँ।

तुझे मुझसे बिछड़ने का मज़ा चाहिए था,

उसके लिए भी तैयार हूँ ,

काम ही सही पर ये सफर बहुत अच्छा था,

आधे रास्ते का सही तू हमसफ़र बहुत सच्चा था।

तेरी हर दुआ तुझको मुझसे दूर ले जाए,

तू जहां रहे जीवन की हर खुशियां पाए।

धन्यवाद।

आभार

आप सभी पाठकों का सहृदय धन्यवाद ।

Printed by Libri Plureos GmbH in Hamburg, Germany